www.ggverlag.at
www.nilpferd.at

ISBN: 978 3 7074 5185 6

In der aktuell gültigen Rechtschreibung.
Hergestellt in Europa
Papier aus verantwortungsvoll bewirtschafteten Quellen.

1. Auflage 2016

Text und Illustration: Erwin Moser
Gestaltung/Satz: Silvia Wahrstätter, buchgestaltung.at
Gesamtherstellung: Imprint, Ljubjlana

Erwin Moser
EISBÄR, ERDBÄR
und
MAUSBÄR

NILPFERD

Es war einmal ein Meer. Und es war einmal eine Hütte. Und es waren einmal zwei Bären, die in dieser Hütte am Meer wohnten.

Der eine Bär liebte Eis über alles, denn er war ein Eisbär. Der zweite Bär war ein Erdbär, weil er nur Erdbeeren aß. So, und jetzt fängt die Geschichte richtig an! Hör zu.

Der Eisbär und der Erdbär waren dicke Freunde.
Vor der Hütte hatte der Eisbär sein Eisloch.
Dort hatte er noch vom vergangenen Winter
Eisblöcke gesammelt, damit er auch im Sommer
auf dem Eis liegen konnte, denn das war seine
Lieblingsbeschäftigung.

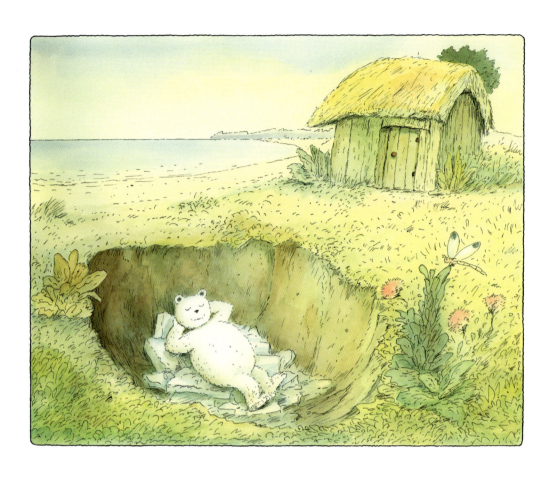

Hinter der Hütte war der Garten des Erdbären.

Es war ein Garten, in dem nur Erdbeeren wuchsen.

Dort kroch der Erdbär den ganzen Tag umher und

aß Erdbeeren. So lebten die beiden Bären, und sie

konnten sich ihr Leben nicht schöner vorstellen.

Der Eisbär hatte sein Eis und der Erdbär seine

Erdbeeren. Mehr brauchten sie nicht.

Eines Tages, als der Erdbär wieder in seinem Garten lag und einer besonders großen Erdbeere eine komische Geschichte erzählte, damit sie vor Lachen noch süßer und saftiger wurde, stand plötzlich ein Mäuserich vor ihm. Der Mäuserich trug auf seiner Schulter eine dicke Wurst.

„Guten Tag!", sagte er zum Erdbären. „Was machst du da?"

„Wünsch dir auch einen guten Tag!", erwiderte der Erdbär. „Ich erzähle dieser Erdbeere da eine lustige Geschichte, damit sie schneller reif wird."

„Das ist interessant!", meinte der Mäuserich. „Das muss ich bei meiner Wurst auch versuchen. Vielleicht wird sie dann größer?"

Und er legte die Wurst ins Gras, setzte sich dazu und erzählte ihr einen Witz. Der Witz war zwar schon alt und gar nicht besonders lustig, aber die Wurst kannte ihn noch nicht, und deshalb wirkte er sofort.

Der Mäuserich war kaum fertig mit seinem Witz, da lachte die Wurst los und wurde dabei fast doppelt so dick.

„Siehst du", sagte der Erdbär, „das ist ein guter Trick.
Ich mach's bei meinen Erdbeeren immer so."

„Wundervoll!", lachte der Mäuserich und patschte in
die Pfoten.

„Aber sag, was bist denn du für ein Bär?", fragte
der Erdbär. „Du bist so klein. Bist du vielleicht ein
Zwergbär? Oder am Ende gar ein Wurstbär?"

„Ich bin überhaupt kein Bär", sagte der Mäuserich.
„Ich bin eigentlich eine Maus."

„Du musst dich irren", meinte der Erdbär. „Du bist
ganz sicher ein Bär! Schau dich an: Du hast zwei
Ohren, wie ich; du hast eine Schnauze, wie ich; und
du hast rundherum ein Fell, genau wie ich. Also bist
du ein Bär!"

Der Mäuserich schaute an sich hinunter.

„Tatsächlich!", rief er überrascht. „Du hast recht.
Stimmt alles haargenau. Dass mir das noch nicht
aufgefallen ist! Aber mein langer Schwanz ist
eindeutig ein Mauseschwanz. Der passt nicht dazu …"

„Doch", sagte der Erdbär. „Der ist schon richtig. Jetzt
weiß ich nämlich, was für ein Bär du bist. Du bist ein
Mausbär! Komm, Mausbär, ich stelle dich meinem
Freund, dem Eisbären, vor!"

15

Sie gingen zu der Eisgrube, wo sich der Eisbär immer aufhielt.

„Eisbär!", rief der Erdbär hinunter. „Komm rauf, wir haben Besuch!"

Aber der Eisbär war schlechter Laune. Er brummte nur und blieb unten.

„Was ist los, Eisbär?", rief der Erdbär. „Sei nicht so unhöflich. Wir haben einen Gast. Komm rauf und begrüße ihn, wie es sich gehört!"

Endlich kam der dicke Eisbär aus der Grube gekrochen. Der Erdbär machte die beiden bekannt, aber der Eisbär war nach wie vor ziemlich mürrisch.

„Mein schönes kaltes Eis ist in den letzten Tagen stark zusammengeschmolzen", sagte der Eisbär.

„Morgen schon kann es geschmolzen sein, und was mach ich dann, so ganz ohne Eis?"

Traurig brummend ging er zur Hütte und setzte sich in den Schatten.

„Ja, das ist dumm", sagte der Erdbär zum Mausbären.

„In letzter Zeit war es sehr heiß – gut für meine Erdbeeren, aber schlecht für sein Eis. Da kann man nichts machen."

„Warum holt er sich nicht neues Eis?", fragte der Mausbär.

„Ja, woher denn?", erwiderte der Erdbär ratlos. „Im Sommer gibt's kein Eis, oder siehst du irgendwo welches?"

„Am Nordpol gibt's so viel Eis, dass man vor lauter Eis den Nordpol nicht sieht!", sagte der Mausbär.

„Ja sooo, am Nordpol!", meinte der Erdbär. „Da liegt ein ganzes Meer voll Wasser zwischen uns und dem Nordpol!"

„Tja, das stimmt schon ...", sagte der Mausbär und überlegte.

Und plötzlich hatte er eine Idee!

„Ich weiß, wie wir zum Nordpol kommen könnten!", rief der Mausbär.

„So? Wie denn?", fragte der Erdbär.

Und der Mausbär sagte es ihm.

„Gute Idee!", sagte der Erdbär. „So könnte es gehen!"

Dann gingen sie zum Eisbären und sagten es auch ihm. Und jetzt muss ich es dir sagen, damit du es auch weißt.

Der Mausbär hatte die Idee gehabt, seiner Wurst so lange Witze und lustige Geschichten zu erzählen, bis sie vor Lachen ganz dick und groß würde und zu schweben anfinge. Wenn die Wurst dann schwebte, wollten sie alle drei auf sie klettern, wie auf den Rücken eines Pferdes, und zum Nordpol fliegen. Die drei Bären gingen also zur Wurst und machten sich ans Werk.

Zuerst begann der Mausbär mit seiner Geschichte, dann erzählte der Erdbär einen Witz, und nach ihm erzählte der Eisbär eine lustige Geschichte. In dieser Reihenfolge machten sie weiter, und bereits nach einer halben Stunde war die Wurst vor Lachen so groß und dick geworden, dass die Bären Angst bekamen, sie könnte platzen. Die Wurst schwebte nun schon ein Stück weit über der Erde.

Der Erdbär pflückte geschwind eine seiner größten und köstlichsten Erdbeeren, die wollte er als Reiseproviant mitnehmen. Dann setzten sich die drei Bären auf die Wurst, der Mausbär erzählte noch schnell einen Witz, und die Wurst erhob sich in die Luft.

Sie flogen. Sie flogen in Richtung Nordpol.

Der Eisbär war vor Freude ganz aus dem Häuschen. Am Nordpol war er ja geboren, und wo man geboren wird, ist man zu Hause, und wo man zu Hause ist, dorthin kehrt man immer gern zurück.

Unter ihnen war nichts als Meer. Je näher sie dem Nordpol kamen, desto kälter wurde es.

Dem Eisbären machte die Kälte nichts aus. Ganz im Gegenteil. „Je kälter, desto besser!", sagte er immer. Der Erdbär hatte auch keine Schwierigkeiten mit der Kälte, denn er trug ebenfalls einen dicken Pelz. Nur der Mausbär mit seinem dünnen, kurzhaarigen Fell begann bald vor Kälte zu zittern. Auch der Wurst war etwas kalt – sie hatte eine leichte Gänsehaut bekommen.

Und dann sahen sie das Nordpol-Eisland unter sich auftauchen.

„Eis! Eis!", rief der Eisbär vor Begeisterung und zeigte hinunter.

„Am besten, wir landen dort auf dem Schneefeld!", schlug der Erdbär vor.

Aber die Wurst wollte nicht landen. Sie hatte sich eben warmgeflogen und wollte nichts davon wissen, sich in den kalten Schnee zu legen.

„Landen, Wurst!", rief der Eisbär. „Landen!"

Doch die Wurst flog unbeirrt weiter.

„Wir müssen ihr eine traurige Geschichte erzählen, damit sie nicht mehr fliegen kann!", riet der Mausbär.

Also erzählten sie der Wurst eine furchtbar traurige Geschichte. Sie handelte von einer Rauchwurst, die in der Selchkammer vergessen worden war. Das half. Die fliegende Wurst wurde immer trauriger, flog immer langsamer und tiefer und landete schließlich auf dem Nordpol.

Die drei Bären stiegen ab, und der Eisbär rannte gleich
wie toll durch den Schnee, schlug Purzelbäume und
machte Handstände.

Der Erdbär versank sofort bis zur Brust im Schnee,
nur der Kopf und die Erdbeere schauten heraus. Und
vom Mausbären sah man gar nichts mehr.

„Halt dich an mir fest!", rief der Erdbär. „Ich werde zu
dem Eisberg dort hinten gehen und einen Rundblick
machen!"

Der Mausbär hielt sich fest, und so gingen sie zu dem
Eisberg und stiegen hinauf.

Dem Mausbären war so kalt, dass er mit den Zähnen
klapperte.

Oben angekommen, schauten sie in die Runde. Sie
sahen nichts als Schnee und Eis weit und breit, nur
links hinten glänzte das Eismeer.

„Sch...schön, aber k...kalt", sagte der Mausbär,
bibbernd vor Kälte.

Nun traf der Eisbär auf dem Eisberg ein. „Kinder!", rief er. „Ich freue mich bärig! Habe mich schon lange nicht so gut gefühlt. Was haltet ihr davon, wenn wir für immer hierbleiben?"

„Ist recht schön hier", meinte der Erdbär, der seinem Freund nicht die Stimmung verderben wollte, „aber ich fürchte, der Mausbär verträgt das Klima nicht. Wie geht's dir, Mausbär?"

„Uijeh!", rief der Eisbär. „Der ist ja kurz vor dem Erfrieren! Schnell, wir müssen zur Wurst zurück und mit ihm in eine wärmere Gegend fliegen!"

Der Eisbär nahm den Mausbären in die Arme und rannte, so schnell er konnte, den Berg hinunter.

Der Erdbär nahm seine Erdbeere mit und folgte ihm.

Als sie bei der Wurst ankamen, mussten sie einen großen Schreck erleben. Die Wurst war nämlich nicht mehr da! Stattdessen standen zwölf weiße, zottelige Polarmäuse dort und fraßen eben die letzten Reste der fliegenden Wurst. Mmmm, die hatte ihnen geschmeckt!

Als die Polarmäuse die Bären sahen, erschraken auch sie; zudem fing der Eisbär nun zu brüllen an. „Seid ihr verrückt, unsere fliegende Wurst aufzufressen? Was fällt euch ein?"

„Entschuldigung ...", sagte eine Polarmaus eingeschüchtert. „Wir haben nicht gewusst, dass die Wurst jemandem gehört ..."

„Die Sache ist nämlich die", erklärte der Erdbär, „unser Freund, der Mausbär, verträgt die Kälte nicht, und mit der Wurst hätten wir in eine wärmere Gegend fliegen können ..."

„Mausbär? Wo ist ein Mausbär?", riefen die Polarmäuse.

„Hier", sagte der Erdbär und hielt den steifgefrorenen Mausbären hoch.

„Oh!", riefen die Polarmäuse überrascht, als sie den Mausbären sahen.

„Schnell, hängt ihm einen Pelzmantel um!", sagte eine Polarmaus.

Sie nahmen den armen Mausbären, hüllten ihn in einen warmen Polarmauspelzmantel, gaben ihm Spezial-Nordpoltee zu trinken und rieben ihn warm. Das brachte den Mausbären wieder auf die Beine.

Mit dem Pelzmantel sah er fast so aus wie eine Polarmaus, und die Polarmäuse hatten ihn sofort liebgewonnen.

Da nun alles wieder in bester Ordnung war, wurde zur Feier des Tages ein Fest vorbereitet. Der Erdbär spendierte seine Erdbeere, und die Polarmäuse bereiteten daraus eine Riesenportion Erdbeereis. Bis spät in die Nacht hinein saßen sie beisammen, schleckten Erdbeereis und erzählten einander das, was sie voneinander nicht wussten. Der Erdbär erzählte von seinem Erdbeergarten, der Eisbär von seiner Eisgrube, der Mausbär von allerlei Käse- und Wurstsorten, und die Polarmäuse erzählten von ihrem Leben am Nordpol.

Am nächsten Tag gingen sie alle spazieren, und die Polarmäuse zeigten den drei Bären ihr Nordpolland. So verging eine Woche.

Eines Tages bekam der Erdbär Heimweh nach seinem Erdbeergarten. „Wie schön wäre es jetzt, wenn ich zwischen meinen roten Erdbeeren liegen könnte!", sagte er sehnsüchtig.

„Ja", bestätigte der Mausbär, „ich würde auch gern wieder etwas Grünes sehen."

Und der Eisbär sagte: „Wisst ihr, ohne Hitze ist die Kälte nur halb so schön. Das Auf-dem-Eis-Liegen macht erst richtig Spaß, wenn dabei die Sonne scheint ..."

Und so beschlossen sie, wieder nach Hause zu fahren.

Die Polarmäuse hatten dazu eine gute Idee.
Sie nagten einen großen Eisblock aus dem
Nordpolland und schoben ihn ins Meer. Die drei Bären
setzten sich darauf und ließen sich in Richtung Süden
davontreiben. Der Eisbär, der Erdbär und der Mausbär
mussten ihnen aber vorher versprechen, sie bald
wieder zu besuchen.

Nach einigen Tagen kamen die drei Bären auf ihrem Eisblock an ihrem Heimatstrand an. Das Eis hatte gerade angefangen zu schmelzen. Der Eisbär zerhackte den Eisblock in kleine Teile und füllte damit seine Eisgrube. Der Erdbär legte sich sofort wieder in seinen Erdbeergarten und aß Erdbeeren, bis er nicht mehr konnte.

Und was tat der Mausbär?

Der Mausbär kaufte sich eine Hängematte, in der
er die meiste Zeit schlief und vom Nordpol träumte.
Auch als dann der Winter kam, schlief er in der
Hängematte, denn seit er den Polarmauspelzmantel
hatte, wurde es ihm nie mehr kalt.

ERWIN MOSER wurde 1954 in Wien geboren und wuchs am Neusiedlersee auf. Er machte eine Ausbildung zum Schriftsetzer; seit 1980 erfindet und illustriert er seine bezaubernden Geschichten. In über 30 Jahren veröffentlichte er zahlreiche Bilder- und Kinderbücher, für die er oftmals ausgezeichnet wurde (u.a. Auswahlliste zum Deutschen Jugendliteraturpreis). Seine phantasievoll erzählten und gezeichneten Bücher sind von besonderer Warmherzigkeit und zählen zum Kanon der deutschsprachigen Kinder- und Jugendliteratur.

Erwin Mosers zauberhafte Bücherwelt

Der Dachs schreibt hier bei Kerzenlicht
978 3 7074 5085 9

Die Geschichte von Philip Schnauze
978 3 7074 5088 0

Die Geschichte von der Gehmaschine
978 3 7074 5089 7

Der Bärenschatz
978 3 7074 5178 8

Wie geht's dem Schweinchen?
978 3 7074 5081 1

Wunderbare Bärenzeit
978 3 7074 5082 8

Die Erdmaus und der Regenschirm
978 3 7074 5086 6

Ein aufregender Tag im Leben von Franz Feldmaus
978 3 7074 5087 3

Das große Buch von Koko und Kiri
978 3 7074 5078 1

Wo wohnt die Maus?
978 3 7074 5084 2

Der Mäusezirkus
978 3 7074 5083 5

Tierisches von A bis Z
978 3 7074 5080 4